まちごとチャイナ

Guangdong 005 Shenzhen

深圳

「改革開放」が
生んだ奇跡の街

Asia City Guide Production

【白地図】深圳と珠江デルタ

CHINA
広東省

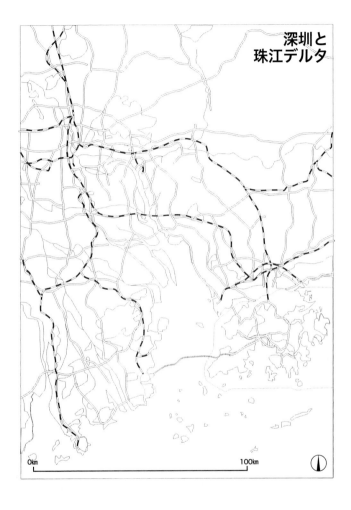

【白地図】深圳中心部

CHINA
広東省

深圳中心部

Shenzhen 白地図

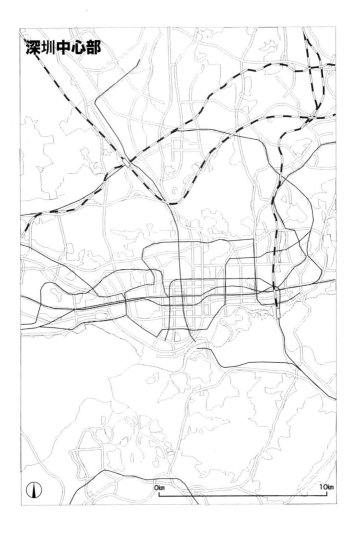

【白地図】羅湖区

CHINA
広東省

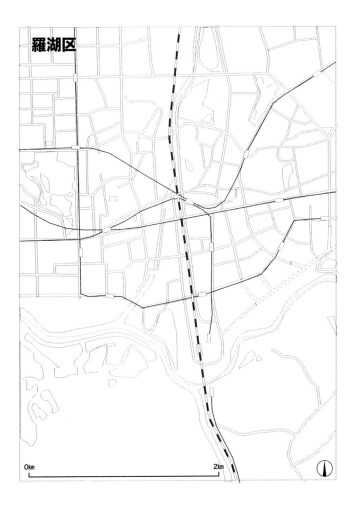

【白地図】東門歩行街

CHINA
広東省

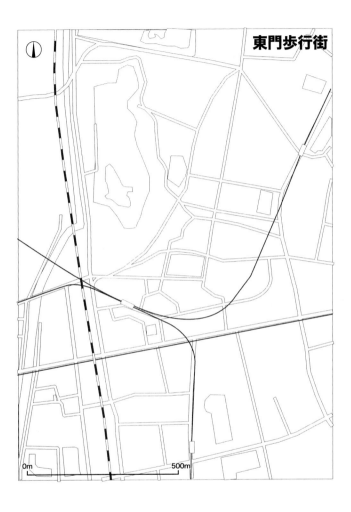

【白地図】大劇院

CHINA
広東省

大劇院

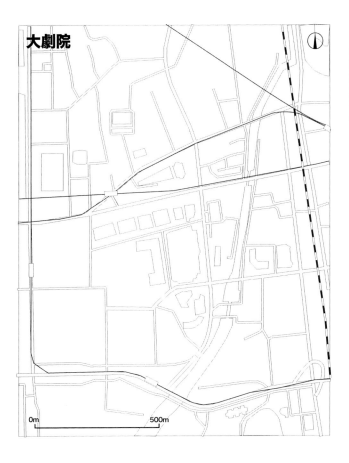

【白地図】福田

CHINA
広東省

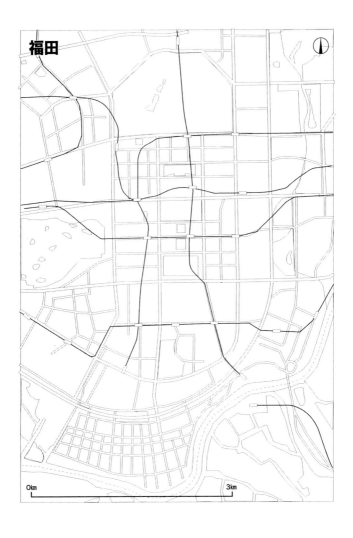

福田

Shenzhen 白地図

0km 3km

【白地図】福田中心区

CHINA
広東省

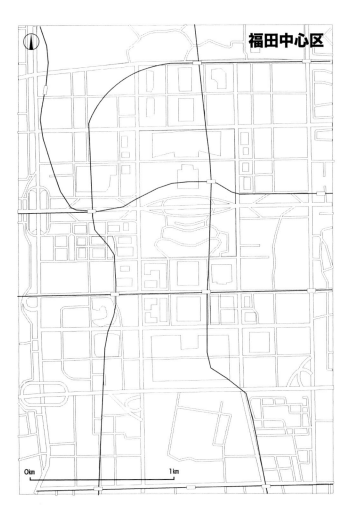

【白地図】華僑北路

CHINA
広東省

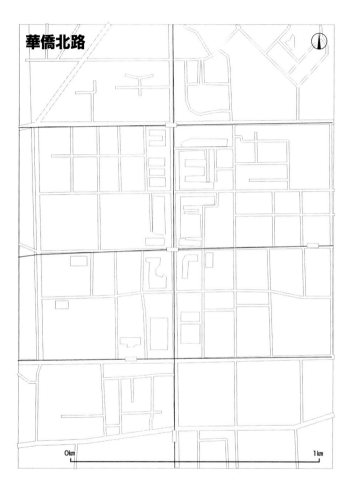

【白地図】南山区

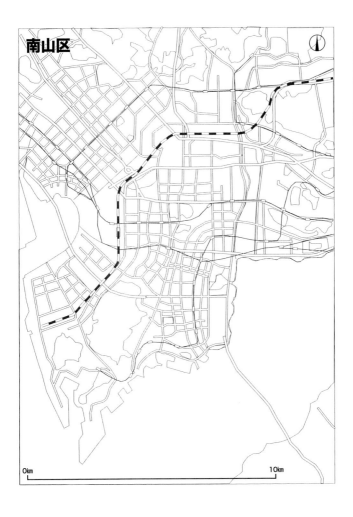

【白地図】華僑城

CHINA
広東省

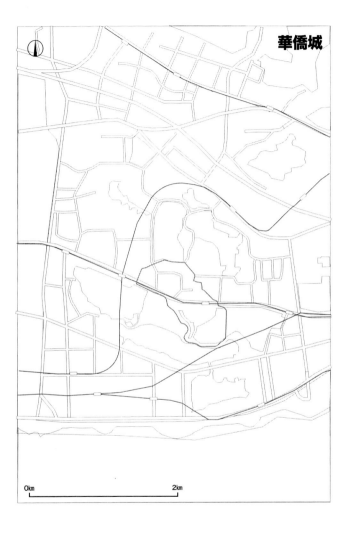

華僑城

Shenzhen 白地図

【白地図】大芬油画村

CHINA
広東省

大芬油画村

Shenzhen 白地図

【白地図】深圳市郊外

CHINA
広東省

深圳市郊外

Shenzhen

白地図

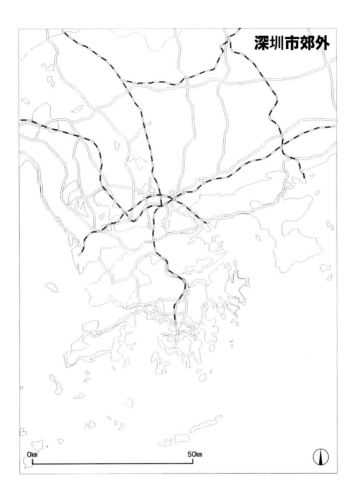

【まちごとチャイナ】
広東省 001 はじめての広東省
広東省 002 はじめての広州
広東省 003 広州古城
広東省 004 天河と広州郊外
広東省 005 深圳（深セン）
広東省 006 東莞
広東省 007 開平（江門）
広東省 008 韶関
広東省 009 はじめての潮汕
広東省 010 潮州
広東省 011 汕頭

CHINA
広東省

香港のすぐ北側に隣接する中国広東省の深圳は、20世紀末に経済特区に指定され、以来、改革開放の最前線として急速な発展を遂げてきた。現在では高層ビルが林立する中国有数の都会となっているほか、香港と中国の緩衝地帯といった性格をもつ。

もともと深圳にはのどかな農村が点在していたが、1978年、鄧小平の指導のもと、それまでの計画経済から大きく舵が切られるとこの地は激変することになった。香港や台湾、日本など外資が誘致され、「深圳速度」と呼ばれる世界史上類を見

Shen Zhen
「改革開放」が生んだ奇跡の街
深圳 Shēnzhèn
シェンチェン

ない速さで街は発展した。

　ほとんど何もない農村地帯から、わずか30年で世界有数の都市に成長し、現在、深圳は北京、上海、広州に次ぐ都市規模をもっている。また特別行政区の香港とマカオ、広東省の広州、東莞などとともに巨大な珠江デルタ経済圏を構成し、その一角をになっている。

【まちごとチャイナ】

広東省 005 深圳（深セン）

目次

深圳	xxvi
中国華南の新機軸	xxxii
羅湖区城市案内	xl
福田区城市案内	lviii
深圳経済特区とその軌跡	lxxii
南山区城市案内	lxxvi
深圳郊外城市案内	lxxxix
城市のうつりかわり	cii

【MEMO】

【地図】深圳と珠江デルタ

CHINA
広東省

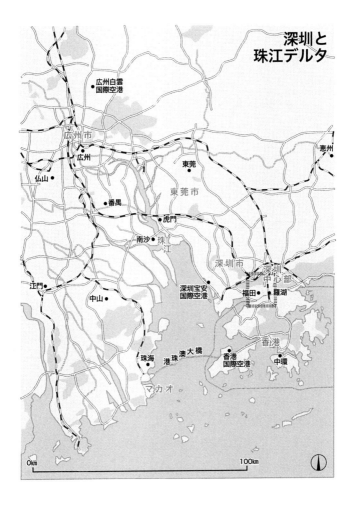

中国
華南の
CHINA
広東省
新機軸

香港に隣接する深圳
20世紀後半までこの地にはのどかな田園が広がっていた
わずか30年で世界的都市へと成長した奇跡の街

深圳の構成

香港に続く九龍半島の付け根部分に位置する広東省の深圳市。1997年に香港が中国に返還されるまでは、深圳南端をイギリスと中国の国境線が20kmにわたって続き、現在でも両者のあいだにはボーダーが横たわっている。この深圳市は、西側を珠江口、北を東莞市、恵陽県に面し、市の南端部分の東西に細長い部分が経済特区となっている。当初、九広鉄路が走る羅湖と、新界に近い蛇口で開発がはじまったが、想像を上まわる速度で街は発展し、現在ではそのあいだの福田にCBD商務中心区がおかれている（また郊外も都市化が進ん

Shenzhen 中国華南の新機軸

でいる)。香港に隣接する九広鉄路の走る羅湖口岸、福田区南の皇崗口岸や福田口岸、また海上の橋が架かる深圳湾口岸などで香港新界と結ばれ、多くの人が行き交う姿が見られる。

改革開放で生まれた街

1949年の中華人民共和国成立以降、中国では共産主義による計画経済が進められてきた。しかし、20世紀なかごろから、資本主義経済のもと飛躍的な発展をとげた日本、また香港、韓国、台湾、シンガポールの四小龍をしりめに、中国経済は停滞していた。そのようななか、1978年に鄧小平が中国共

CHINA
広東省

産党の実権をにぎると、人民公社を解体して競争原理を導入し、社会主義のなかに資本主義の要素をとり込む試みがはじまった。北京から離れ、香港に隣接する深圳が改革開放の実験地として経済特区に指定され、深圳のほかにも珠海（マカオに隣接）、汕頭（東南アジアに華僑を輩出）、厦門（台湾に隣接）に経済特区がおかれた。これら経済特区の成功を受けて、大連、天津、青島、上海、広州などでも外資が呼びこまれ、中国経済は20世紀末から飛躍的な伸びを見せるようになった。

▲左　夜の福田 CBD、摩天楼が光を放つ。　▲右　錦繡中華で演じられていたカンフー劇

深圳の発展をになった人々

1980年に経済特区に指定されるまで、深圳鎮には農村が点在し、人口はわずか2万人に過ぎなかった（当時、イギリス植民地で、隣接する経済的に豊かな香港へ不法入国を試みる人々も多かった）。1980年に経済特区がおかれると、中国各地から仕事を求める人々が流入し、そうした人々には農民工と呼ばれる出稼ぎ農民が多く、低賃金のなか建設工事などの単純労働につくことになった。このような事情から、深圳は広東語が一般的な広東省にあって、北京語が広く使用される北方的な要素が強い街として知られる。21世紀に入るとこ

CHINA
広東省

の街の人口は 1000 万人を超え、北京、上海、広州に続く巨大都市へと成長した。

【MEMO】

【地図】深圳中心部

【地図】深圳中心部の [★★☆]
- ☐ 深圳福田中心区 深圳福田中心区 シェンチェンフゥティエンチョンシンチュウ
- ☐ 深圳市民中心 深圳市民中心 シェンチェンシィミンチョンシン
- ☐ 錦繍中華 锦绣中华 ジンシゥチョンファ

【地図】深圳中心部の [★☆☆]
- ☐ 羅湖駅 罗湖站 ルゥオフゥチャン
- ☐ 深圳河 深圳河 シンチェンハァ
- ☐ 華強北路 华强北路 ファチャンベイルゥ
- ☐ 世界の窓 世界之窗 シィジエチィチュウアン
- ☐ 大芬油画村 大芬油画村 ダァフェンヨウファアチュン
- ☐ 深圳水庫 深圳水库 シェンチェンシュイクゥ

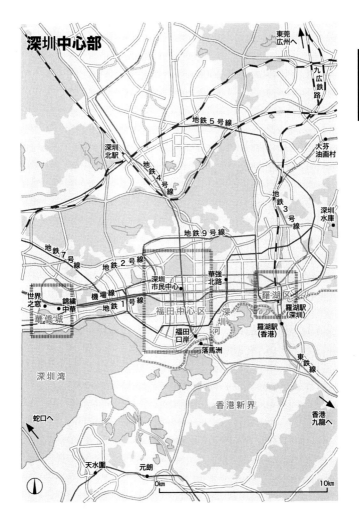

Guide, Luo Hu Qu
羅湖区城市案内

CHINA
広東省

香港と中国のちょうど境にあたる羅湖区
九龍半島と広東省の省都広州を結ぶ九広鉄路の駅があり
経済特区の設置にあたって早くから開発されてきた

羅湖駅 罗湖站 luó hú zhàn ルゥオフゥチャン [★☆☆]

深圳南部と香港新界を結ぶ境界に立つ羅湖駅。香港の九龍半島から広州へ続く九広鉄路が走り、20世紀の東西冷戦時代には、西側の人間にとってこの羅湖駅が中国への玄関口となっていた。すぐ近くに香港へ続く羅湖口岸があり、多くの人々が行き交うほか、商業施設もならぶ(近くには地下鉄羅宝線の羅湖駅があるほか、香港側にも東鉄線の羅湖駅がある)。

【MEMO】

【地図】羅湖区

【地図】羅湖区の ［★★★］
- ☐ 鄧小平画像広場 邓小平画像广场
  ドンシャオピンファシャングァンチャン

【地図】羅湖区の ［★★☆］
- ☐ 東門歩行街 东门步行街 ドンメンブゥシンジエ
- ☐ 京基100 京基100 ジンジィイーリンリン

【地図】羅湖区の ［★☆☆］
- ☐ 羅湖駅 罗湖站 ルゥオフゥチャン
- ☐ 深圳河 深圳河 シンチェンハァ
- ☐ 地王大厦 地王大厦 ディワンダァシャア
- ☐ 荔枝公園 荔枝公园 リィチィゴンユェン

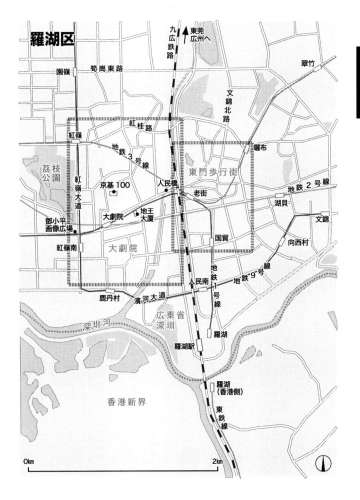
羅湖区城市案内

【地図】東門歩行街

【地図】東門歩行街の [★★☆]
□ 東門歩行街 东门步行街ドンメンブゥシンジエ

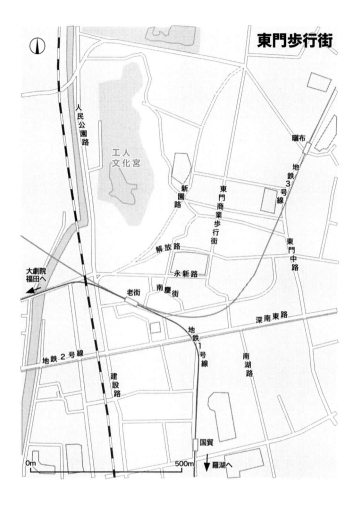

広東省

東門歩行街 东门步行街 dōng mén bù xíng jiē
ドンメンブゥシンジエ ［★★☆］

東門歩行街は深圳羅湖区の中心に位置する繁華街で、商店やレストランがならび、多くの人でにぎわっている。1980年以後、急速に発展したこの街にあって、このあたりにもっとも初期の商業地区がおかれた。中国各地から人が集まっていることもあり、老舗の出店が見られるほか、中国北方の料理店、また外国企業も数多く進出している。

▲左　中国各地から人が集まる深圳、写真は重慶料理。　▲右　深圳を代表する通り、東門歩行街

深圳河 深圳河 shēn zhèn hé シンチェンハァ ［★☆☆］

香港特別行政区と広東省深圳市をわける境界上を流れ、深圳湾に注ぐ深圳河。かつてこの河をまたいで人民解放軍とイギリス兵が向かいあうという光景が見られた。1842年の南京条約で香港島がイギリスに割譲されたが、その後、九龍半島も割譲され、1898年には香港の新界がイギリスに99年間租借されたことでこの深圳河が中国広東省と香港の境界となっていた。

【地図】大劇院

【地図】大劇院の [★★★]
- [ ] 鄧小平画像広場 邓小平画像广场 ドンシャオピンファシャングァンチャン

【地図】大劇院の [★★☆]
- [ ] 京基100 京基100 ジンジィイーリンリン

【地図】大劇院の [★☆☆]
- [ ] 深圳大劇院 深圳大剧院 シェンチェンダァジュウユェン
- [ ] 地王大厦 地王大厦 ディワンダァシャア
- [ ] 荔枝公園 荔枝公园 リィチィゴンユェン

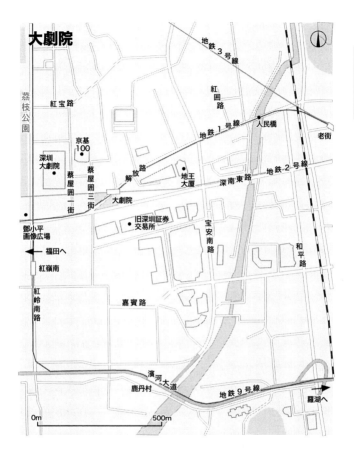

【MEMO】

羅湖区城市案内 | Shenzhen

深圳と人民橋

深圳とは「深い河溝」を意味し、このあたりにあった田んぼのほとりの溝（水路）に由来する。この溝のそばに集落ができていたが、その溝は雨が降れば、溺れ死ぬ者がいるほど深かったという。17世紀、清朝の第4代康熙帝の時代、この深い溝に石橋をかけ、「恵民橋」と名づけられた。深圳の東西を結ぶ解放路上の人民橋は、その恵民橋の位置に架けられている。

広東省

鄧小平画像広場 邓小平画像广场
dèng xiǎo píng huà xiàng guǎng chǎng
ドンシャオピンファシャングァンチャン［★★★］

「百年不変」の文字とともに改革開放を唱え、深圳の発展を方向づけた鄧小平の看板が立つ鄧小平画像広場。1949年の中華人民共和国の設立以来、鄧小平は毛沢東、周恩来とともに中国の共産党の幹部として手腕を発揮してきた。文化大革命などで失脚したが、そのたびに復活する不撓不屈の精神をもち、毛沢東死後の1978年、中国共産党の実権を掌握した。人民公社を解体し、自らの故郷である四川省のことわざ「白

羅湖区城市案内 Shenzhen

▲左 コンサートが開かれる深圳大劇院。　▲右 外資と市場経済を導入した鄧小平

猫黒猫（白い猫でも黒い猫でもネズミをとるねこがよい猫だ）」に代表されるように、先に豊かになれる者からなれと唱え、改革開放路線を指導した。香港、台湾、日本などの資本主義国の資本が呼び込まれ、工業、商業などの経済が発展するようになった。88歳になった鄧小平は、1992年の春節に深圳を訪れ、より経済発展を進める「南巡講話」を発表した。1997年、自身がたずさわった香港の返還直前に鄧小平はなくなっている。

広東省

深圳大劇院 深圳大剧院 shēn zhèn dà jù yuàn
シェンチェンダァジュウユェン［★☆☆］

京基100のそばに立つ深圳大劇院は、深圳経済特区の造営がはじまって間もない1989年に建てられた劇場で、この街の文化発信の場となってきた。舞台、照明など充実した設備をもち、コンサートや芸術祭などが行なわれる。

京基100 京基100 jīng jī yī líng líng
ジンジィイーリンリン［★★☆］

深圳羅湖区に地王大厦とともにそびえる京基100（京基金融中

▲左　高さ442mの京基100、この街のランドマークのひとつ。　▲右　京基100のそばにそびえる高さ384mの地王大厦

心)。100階建ての中国有数の超高層ビルとして知られ、高さは442mにもなる。ビジネスオフィス、ホテル、商業モールなどが入っていて、深圳の新たなランドマークとなっている。

地王大厦 地王大厦 de wáng dà shà ディワンダァシャア[★☆☆]

地王大厦（信興広場）は高さ384m、69階からなる超高層ビル。緑色の外壁をもち、頂上には2本のアンテナが立つ特徴的なかたちをしている。1997年の香港返還直前に完成し、この地王大厦の展望台は南の香港をのぞめる「深港之窓」として知られていた。

荔枝公園 荔枝公园 lì zhī gōng yuán
リィチィゴンユェン [★☆☆]

福田区と羅湖区の境に位置する荔枝公園。高層ビル群がならぶ深圳にあって、市民の憩いの場となるように計画された公園で、名前は亜熱帯でとれる荔枝にちなむ。この荔枝は深圳の市樹となっていて、唐の時代には楊貴妃が南方からとりよせたことで知られる（根や土をつけたまま湖北省北部にいたり、そこから馬で唐の都、長安に運ばれた）。

Guide,
Fu Tian Qu
福田区
城市案内

CHINA
広東省

羅湖区の西側に位置する福田区
想像を超える速度で発展した
深圳の新都心 CBD が位置する

深圳福田中心区 深圳福田中心区 shēn zhèn fú tián zhōng xīn qū シェンチェンフゥティエンチョンシンチュウ [★★☆]

羅湖区と南山区にはさまれたちょうど深圳経済特区の中心に位置する深圳福田中心区（福田 CBD）。1980 年に経済特区の設置が決まり、急速に発展した深圳では、当初予定された市街地部分を越えて発展を見せたため、ここ福田区に新都心が計画されることになった。現在、深圳の商務区の中心となっていて、超高層ビルが林立するほか、人民政府、市民中心も見られる。皇崗口岸、福田口岸が福田と香港の新界とを結び、深圳と香港の一体化も進んでいる。

【MEMO】

【地図】福田

【地図】福田の [★★☆]
- 深圳福田中心区 深圳福田中心区
  シェンチェンフゥティエンチョンシンチュウ
- 深圳市民中心 深圳市民中心
  シェンチェンシィミンチョンシン

【地図】福田の [★☆☆]
- 深圳会展中心 深圳会展中心
  シェンチェンフイチャンチョンシン
- 蓮花山公園 莲花山公园
  リィアンファアシャンゴンユゥエン
- 華強北路 华强北路ファチャンベイルゥ

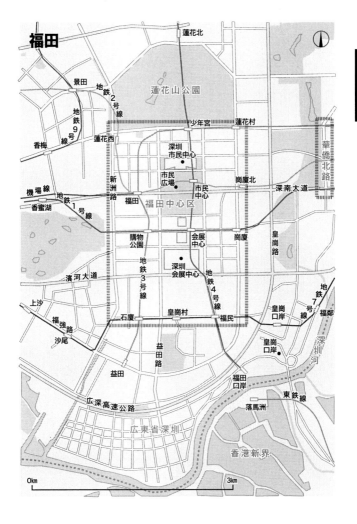

Shenzhen 福田区城市案内

【地図】福田中心区

【地図】福田中心区の [★★☆]
- 深圳福田中心区 深圳福田中心区
  シェンチェンフゥティエンチョンシンチュウ
- 深圳市民中心 深圳市民中心
  シェンチェンシィミンチョンシン

【地図】福田中心区の [★☆☆]
- 深圳博物館新館 深圳博物馆新馆
  シェンチェンボォウーガン
- 深圳証券取引所 深圳证券交易所
  シェンチェンチェンチュゥアンジャオイイスゥオ
- 深圳会展中心 深圳会展中心
  シェンチェンフイチャンチョンシン
- 深圳図書館 深圳图书馆
  シェンチェントゥオシュグゥアン
- 蓮花山公園 莲花山公园
  リィアンファアシャンゴンユゥエン

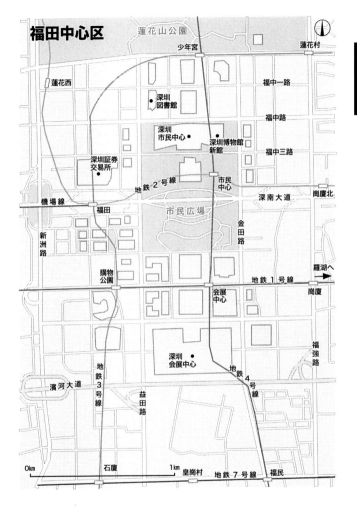

広東省

深圳市民中心 深圳市民中心 shēn zhèn shì mín zhōng xīn シェンチェンシィミンチョンシン ［★★☆］

福田区のCBD（中央商務区）を南にのぞむ位置に立ち、この街のシンボルとも言える深圳市民中心。兜のような巨大な屋根を載せ、そのしたに金樹大堂、銀樹大堂と呼ばれる図書館、コンサートホールがおかれている。

深圳博物館新館 深圳博物馆新馆 shēn zhèn bó wù guǎn xīn guǎn シェンチェンボォウーガン ［★☆☆］

深圳市民中心の東の一角にある深圳博物館新館。人形やミ

▲左　深圳博物館新館で見られた展示。　▲右　ホールや博物館などが一体となった深圳市民中心

ニチュアを使って、農耕や漁業を行なう人々、「海の守り神」天后に祈る人々といった展示が見られ、この地域の歴史や民俗を知ることができる。

深圳証券取引所 深圳证券交易所
shēn zhèn zhèng quàn jiāo yì suǒ
シェンチェンチェンチュゥアンジャオイイスゥオ［★☆☆］

福田CBDの中心にそびえる高さ254m、46階建ての深圳証券取引所。四方に突き出した空中（高さ36m）に浮かぶ基壇に証券取引所の機能があり、そこから上空へ伸びる上層階

CHINA
広東省

はオフィスとなっている。1949年の中華人民共和国成立後、証券取引所は閉鎖され、中国共産党指導のもと計画経済が進められていたが、20世紀末の改革開放で個人所得が増加し、1990年に上海で、翌年、深圳で証券取引所が開かれた。当初は、羅湖にあったが、福田CBDの発展にあわせて新たに深圳証券取引所が建てられた。北京のCCTVを手がけたOMAによる設計。

▲左　城市創造。深圳はわずか30年で立ちあがった。　▲右　現代アートのなかで遊ぶ子ども

深圳会展中心 深圳会展中心 shēn zhèn huì zhǎn zhōng xīn シェンチェンフイチャンチョンシン [★☆☆]

人民政府、市民中心などが配置され、南北に走る福田の軸線上に位置する深圳会展中心（コンベンション・センター）。国際会議や各国の企業が新商品を発表する交易会などのビジネスイベントが開催される。

深圳図書館 深圳图书馆 shēn zhèn tú shū guǎn シェンチェントゥオシュグゥアン [★☆☆]

市民中心の北西側に立つ深圳図書館。ガラスの壁面から自然

の光が入るように設計された大型現代建築で、文化発信の拠点となっている（あたりにはブックガーデンや書店も位置する）。

蓮花山公園 莲花山公园 lián huā shān gōng yuán
リィアンファアシャンゴンユゥエン ［★☆☆］

福田CBDの北側に広がり、亜熱帯の植生が見られる蓮花山公園。園内には、改革開放を促進した鄧小平の銅像も立つ。中国では風水の考えから、山を背後にしてその前面に街を築く伝統があり、福田CBDもこの蓮花山の南側に展開する（北

京の故宮が景山の南にあるのと同様の構造)。

華強北路 华强北路 huá qiáng běi lù
ファチャンベイルゥ [★☆☆]

深圳東西を結ぶ深南路から北に走る華強北路で見られる電子街。この界隈は「世界の工場」として知られる中国でも最大規模の電気街となっていて、完成品や電子部品を扱う店などがならぶ。

【地図】華僑北路の [★☆☆]

☐ 華強北路 华强北路 ファチャンベイルゥ

華僑北路

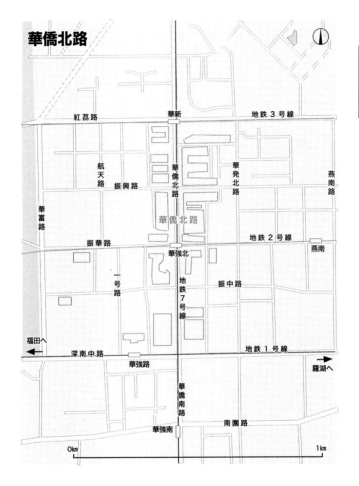

福田区城市案内

深圳経済特区とその軌跡

CHINA
広東省

1980年までのどかな集落が点在した深圳
資本主義の要素が導入され
たった30年で巨大都市に成長した

のどかな田園から一夜で

1980年以前の深圳には、人口3万人ほどの小さな鎮があり、もっとも高いビルは香港へ続く5階建ての税関だったという。かつてこのあたりには豊かな香港への移住を夢見て、香港へ不法入国する人々の姿とともに、国境を監視する人民解放軍の姿があった。この深圳が経済特区に指定されると、丘陵地を平らにするために約2万人の人民解放軍が工事にあたった。商業区、工業区、住宅区、学園区などが計画的に配置され、改革開放の最前線となった。深圳の開発は、それまで人類が経験したことのない爆発的な速度で進んだことか

深圳経済特区とその軌跡

ら、この街は一夜城とも呼ばれている。

外引内聯の政策

深圳の開発では、20世紀に世界経済を牽引した資本主義諸国の技術や制度をとり入れる「外引内聯（外から内へ引く）」といった方針で進められた。中国の安価な労働力を使うことで、商品コストを抑えることができるため、多くの外国企業が中国に進出した。この海外企業の進出にあたっては、「三来一補」と呼ばれる形態がとられ、中国と外国企業で共同出資した会社を設立する合弁、外国企業独自の資本の独資など

CHINA
広東省

のかたちがあった。当初、深圳は輸入超過だったが、やがて部品を深圳で加工し、それを輸出する工業拠点になった。こうした事情のなか21世紀に入って、深圳の人件費や地価が高騰し、慢性的な電力不足などの懸念材料も見られる。

華南経済圏へ

中国広東省は、20世紀末まで西側諸国の植民地だった香港やマカオに近く、香港人、マカオ人との地縁、血縁関係を利用した華南経済圏が確立されている。先進国に近い法や商習慣で華南地方への窓口となってきた香港、香港に隣接する深

▲左　急速な工事で街の建設が進められた。　▲右　従業員を募集する貼り紙

圳、マカオに隣接する珠海、広東省の省都で2000年以上の伝統をもつ広州、また東南アジアに多くの華僑を輩出している汕頭。珠江デルタに扇を描くようにこの地域は発展を見せ、東莞、中山、順徳、南海は珠江デルタの四小虎と称されている。現在、華南は、東アジアと東南アジアを結ぶ巨大経済圏となっている。

Guide, Nan Shan Qu
南山区
城市案内

CHINA
広東省

深圳の開発は、南西部の南山区からはじまった
深圳湾につき出した南頭半島
その対岸には香港新界が見える

華僑城 华侨城 **huá qiáo chéng ファチャオチャン** [★☆☆]
深圳西部の南山区の一角にある華僑城(オーバーシーズチャイニーズ・タウン)。深圳の開発にあたって、海外で活躍する華僑の資金や技術を使って整備されたことから、この名前がつけられた。あたりには錦繡中華や世界の窓といったテーマパークが位置する。

【MEMO】

【地図】南山区

【地図】南山区の [★★☆]
- ☐ 錦繡中華 锦绣中华 ジンシゥチョンファ

【地図】南山区の [★☆☆]
- ☐ 世界の窓 世界之窗 シィジエチィチュウアン
- ☐ 蛇口 蛇口 シェコウ
- ☐ 深圳湾体育センター 深圳湾体育中心体育场 シェンチェンワンティユゥチョンシンティユゥチャン
- ☐ 海上世界 海上世界 ハイシャンシィジエ
- ☐ 深圳市野生動物園 深圳市野生动物园 シェンチェンシィユェシェンドンウーユェン

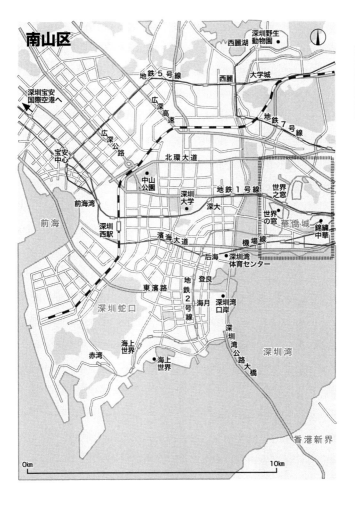

【地図】華僑城

【地図】華僑城の ［★★☆］
- [ ] 錦繡中華 锦绣中华 ジンシゥチョンファ

【地図】華僑城の ［★☆☆］
- [ ] 華僑城 华侨城 ファチャオチャン
- [ ] 世界の窓 世界之窗 シィジエチィチュウアン
- [ ] 深圳歓楽谷 深圳欢乐谷 シェンチェンファンラアグウ

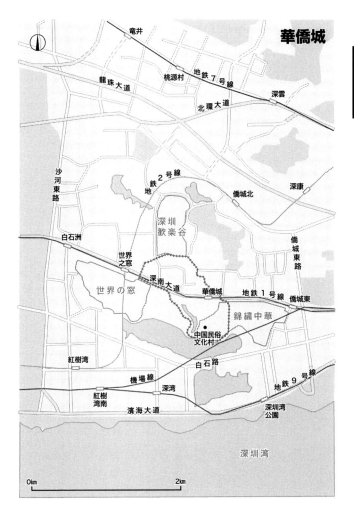

広東省

錦繡中華 锦绣中华
jǐn xiù zhōng huá ジンシゥチョンファ [★★☆]

中国の歴史や文化、民俗、遺構などを集め、1日で中国全土の観光ができることを目的につくられた錦繡中華(「小人の国」)。歴史的遺物にとぼしい深圳にあって、観光客誘致の目的でつくられ、敷地内には故宮、万里の長城、孔子廟、黄鶴閣、龍門石窟、兵馬俑、莫高窟といった中国各地の遺跡のミニチュアが立つ。また中国の伝統劇が演じられる劇場、中国各地の料理が味わえる飲食店もあるほか、20を超す少数民族の村を再現した中国民俗文化村も見られる。

▲左　錦繡中華のなかではさまざまな出しものも見られる。　▲右　世界中の建物が一堂に会する世界の窓

世界の窓 世界之窗
shì jiè zhī chuāng シィジエチィチュウアン［★☆☆］

世界の窓は、錦繡中華のそばに位置するテーマパーク。エッフェル塔やピラミッドなどのミニチュアがならび、世界旅行の疑似体験ができる内容になっている。錦繡中華と同じ目的で、観光産業を振興するために整備された。

深圳歓楽谷 深圳欢乐谷 shēn zhèn huān lè gǔ
シェンチェンファンラアグウ［★☆☆］

各種のアトラクションが楽しめるテーマーパーク深圳歓楽谷

広東省

(ハッピーバレー)。スペインの街の様子が再現された「西班牙広場」、アドベンチャー世界の「冒険山」、魔法とおとぎの「魔幻城堡」、ゴールドラッシュ時代を感じられる「金鉱鎮」、雪の大自然「香格裏拉雪域」、南国のビーチ「陽光海岸」、カリブの海「颶風湾」のなど各エリアごとにさまざまな世界が表現されている。

蛇口 蛇口 shé kǒu シェコウ ［★☆☆］
深圳の南西端に位置し、深圳湾につきだした南頭半島。ちょうど半島のかたちが「蛇の頭」に似ていることから蛇口と呼

▲左　まゆのかたちをした深圳湾体育センター。　▲右　海上世界の前にならぶショップ

ばれ、半島先端から香港の新界とは5km程度の距離となっている。深圳の開発はこの蛇口からはじまり、工場用地、港湾施設などをもつ蛇口工業区が整備された。かつてここから深圳湾をはさんで対岸の香港への不法入国を試みる人々も多かったという。

深圳湾体育センター 深圳湾体中心体育场
shēn zhèn wān tǐ yù zhōng xīn tǐ yù chǎng シェンチェンワンティユゥチョンシンティユゥチャン［★☆☆］

深圳湾のそばに立つ深圳湾体育センター。まゆがイメージさ

れたという建物はじめ、競技場、体育場などからなる複合運動施設となっている。

海上世界 海上世界 hǎi shàng shì jiè
ハイシャンシィジエ ［★☆☆］

深圳湾にのぞむ南頭半島に位置する海上世界。フランスの豪華客船が利用され、なかでは世界各地の料理やショッピングが楽しめる。海上世界とは鄧小平による命名で、1983年に開館した。

出稼ぎ農民の実情

深圳に経済特区が設置された1980年から20世紀末にかけて、中国の賃金水準は台湾や香港にくらべてはるかに安く、内陸の農村地帯から労働力が無尽蔵に供給された。都市戸籍をもたない出稼ぎ農民（農民工）は、年単位の契約で中国農村部から出稼ぎに来て、建設現場や工場の組立などの単純労働に従事した。また出稼ぎ農民には若い女性も多く、中国沿岸部と農村部の大きな賃金格差から、深圳で出稼ぎにきた女性が故郷で家を建てるといったことも見られた。

Guide,
Shen Zhen Jiao Qu
深圳郊外
城市案内

海の守り神をまつった天后宮
客家の人々が暮らす住宅
深圳郊外へ足を運ぶ

大芬油画村 大芬油画村 dà fēn yóu huà cūn
ダァフェンヨウファアチュン [★☆☆]

深圳郊外の竜崗区に位置する大芬油画村。中国全土から画家や画家を志す人々が集まり、モネやゴッホなどの油絵の複製画、また中国人画家のオリジナル作品が路上にずらりとならぶ（複製画を描くことを生活の糧とした）。1989年に香港の画商が農村だったこの地に移住したことにはじまり、21世紀に入ってからは観光地へと変貌をとげた。また本物と区別するため、本物の絵画の右下に入っているサインを入れないなどのとり決めがあるという。

【地図】大芬油画村の [★☆☆]

- 大芬油画村 大芬油画村 ダァフェンヨウファアチュン

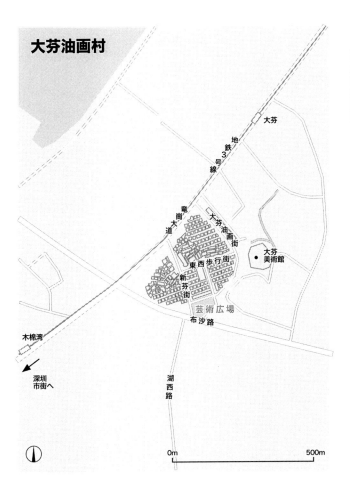

【地図】深圳市郊外の [★☆☆]

- 深圳水庫 深圳水库シェンチェンシュイクゥ
- 梧桐山 梧桐山ウゥトンシャン
- 大梅沙海浜公園 大梅沙海滨公园 ダアメイシャアハイビンゴンユゥエン
- 大鵬古城 大鹏古城ダァペングゥチャン
- 天后宮 天后宮ティエンホウゴン
- 深圳龍崗客家民俗博物館 深圳龙岗客家民俗博物馆 シェンチェンロンガンクージャアミンシュウボォウーガン
- 石岩湖温泉度假村 石岩湖温泉度假村 シィヤンフゥウェンチャンドゥジャアチュン

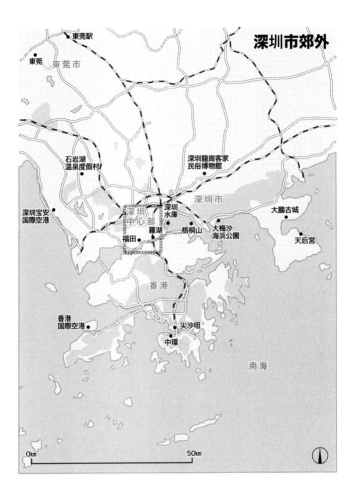

CHINA
広東省

深圳水庫 深圳水库 shēn zhèn shuǐ kù
シェンチェンシュイクゥ [★☆☆]

羅湖区の東北に位置し、深圳市にある大小400もの人造湖を代表する深圳水庫。深圳に経済特区がおかれる以前からあった人造湖で、岩盤上に展開する香港に水を送ってきた（香港の水源となってきた。1997年、イギリスが香港を中国に返還したのも、この水源確保の問題があったという）。また深圳水庫の東側には仙湖植物園が位置し、亜熱帯の椰子の木などをはじめ、さまざまな植物が栽培されている。

▲左 「海の守り神」天后への祭祀をする様子。　▲右　かつて近くて遠い存在だった香港と深圳

梧桐山 梧桐山 wú tóng shān ウゥトンシャン [★☆☆]

深圳水庫の東側にそびえる高さ944mの梧桐山(深圳最高峰)。ここは深圳と香港をわける深圳河の源流となっているほか、桫欏、穗花杉といった南国の樹木が自生し、ニシキヘビやジャコウネコなどの野生動物が生息する。

大梅沙海浜公園 大梅沙海滨公园 dà méi shā hǎi bīn gōng yuán ダアメイシャアハイビンゴンユゥエン [★☆☆]

深圳東部の大鵬湾に面して広がる大梅沙海浜公園。深圳の発展にあわせて20世紀末に開発され、美しい砂浜が続く海水

広東省

浴場、レジャースポットとなっている。

大鵬古城 大鹏古城 dà péng gǔ chéng
ダァペングゥチャン [★☆☆]

深圳東部の龍崗区に位置する大鵬古城。大亞湾に臨み、周囲を高さ6mの城壁に囲まれている。14世紀末に造営され、明代には倭寇などの海賊に対抗する防御拠点となっていた。

天后宮 天后宮 tiān hòu gōng ティエンホウゴン [★☆☆]

「海の守り神」媽祖をまつった天后宮。宋の時代に福建省で

実在した媽祖は、漁業をになう人々の信仰を集めるようになり、やがて天の后にまで昇格した。現在、天后宮は中国東南海岸部に多く分布し、深圳では龍崗区の大鵬半島や南山区の赤湾に残っている。

深圳龍崗客家民俗博物館 深圳龙岗客家民俗博物馆
shēn zhèn lóng gǎng kè jiā mín sú bó wù guǎn
シェンチェンロンガンクージャアミンシュウボォウーガン[★☆☆]

深圳市街から北東の龍崗区に位置する深圳龍崗客家民俗博物館。古い時代、中原にいた客家の人々は、戦乱から逃れるよ

CHINA
広東省

うにして南方に移動してきた(そのため、地元の人々から客人を意味する客家と呼ばれた)。この深圳龍崗客家民俗博物館は宋代に福建省にいた客家の羅一族が、清朝の18世紀にこの地に移住し、住居とした建物が利用されている。一族は、周囲を厚い壁で囲まれた堅牢な建物のなかで集住していた。博物館内には羅一族が使用してきた家具や服飾品などが収蔵されている。

▲左　亜熱帯の植生が見られる。　▲右　街ができるはるか昔からこの地に住んでいた客家の人々

深圳市野生動物園 深圳市野生动物园
shēn zhèn shì yě shēng dòng wù yuán
シェンチェンシィユェシェンドンウーユェン ［★☆☆］

西麗湖東に位置する深圳市野生動物園。深圳市街の喧騒から離れた亜熱帯の自然に、トラや象、パンダ、熊などの動物が飼育されている。猛獣区や草食動物区などがあるほか、動物によるパフォーマンスを楽しむことができる。

広東省

石岩湖温泉度假村 石岩湖温泉度假村 shí yán hú wēn quán dù jiǎ cūn シィヤンフゥウェンチャンドゥジャアチュン ［★☆☆］

深圳北西部に位置する石岩湖温泉度假村。石岩湖畔にわく温泉があり、休日には休暇のために訪れる人々が見られる。

市街地近くの原子力発電所

深圳市の東端には深圳へ電力を供給する原子力発電所が位置する。大都市の市街地まで42㎞という距離に原子力発電所があるということは世界でも例がなく、中国人だけでなく、香港人からも関心の対象になっている。

城市の
うつり
かわり

CHINA
広東省

長安や北京などの都から遠く離れた立地
静かな農村地帯は
わずか30年で世界的都市に成長した

古代から唐代

深圳の地では、今から5000年前にさかのぼる夏や殷の時代の遺跡が見つかっており、古くから人類が居住していたことがわかっている。紀元前214年には秦の始皇帝の領土に入り、その後の漢代には深圳は塩の産地として知られていた。また東晋の時代の331年に東官郡がおかれ、深圳南端の赤尾に役所があった。東官郡は深圳、恵州、潮州などにおよび、深圳はそのなかの宝安県の一部を構成していた（宝安とは東莞にある宝山に由来し、この山の財宝で人々は安らかになるという意味）。

Shenzhen 城市のうつりかわり

唐代から明清時代

やがて東官郡は廃止され、唐代の757年に宝安県は東莞県へと名前が変更された。時代はくだり、明代の1573年に東莞県が分割され、新安県がおかれたが、この範囲が現在の深圳と香港をあわせた領域となっていた。当時の人口は3万3971人、塩、香料、米、茶などの積み出しでにぎわい、現在の南頭半島に役所がおかれていた。清朝初期には倭寇対策の政策からこの地域は無人となったが（海岸から50里内陸に移住させられた）、やがて17世紀後半に客家が移住してきた。深圳と香港はひとつの県に属していたが、19世紀のア

広東省

ヘン戦争以後、香港がイギリス領になった。

中華民国から中華人民共和国へ

中華民国に入った1913年、新安県から古名の宝安県に改名されたが(河南省に同名の県があった)、イギリス領香港の発展にくらべて深圳の地位は落ちることになった。1941年に太平洋戦争が勃発すると、深圳は香港とともに日本軍の管轄に入っている。1949年の中華人民共和国成立以後は、深圳川をはさんで香港側にイギリス兵士、中国側に人民解放軍がならび、豊かな香港への不法入国者が絶えなかった。深圳

▲左　チャンスを求めて中国各地から人々が集まった。　▲右　広州と香港九龍を結ぶ鉄道が走る深圳駅

は広東省宝安県（深圳鎮）の一部で、ここには農村が広がっていた。

経済特区の設置へ

1978年12月に改革開放政策が決まり、1980年に深圳の南端部に経済特区がもうけられた。この経済特区では税金を抑えることで、国資本、技術を導入し、資本主義的な経済政策が実験的に進められた。経済特区の人口は80年の人口は9.4万人だったが、99年にはその20倍の190.2万人に増加するなど、多くの人々が仕事を求めてこの街に流入した。わずか

広東省

30年で、深圳は北京、上海、広州などとならぶ中国を代表する都市となった。

Shenzhen

城市のうつりかわり

参考文献

『中国・深圳経済特区』(三井田圭右 / 大明堂)

『中国・経済特区「深圳」の挑戦』(橋本嘉文 / にっかん書房)

『中国 12 億人の改革開放』(NHK 中国プロジェクト / 日本放送出版協会)

『中国の歴史 巨龍の胎動』(天児慧 / 講談社)

『深圳テクノセンター』(関満博 / 新評論)

『望郷と訣別を』(佐藤正明 / 文藝春秋)

『深圳文化中心』(新建築 83(5))

『深圳湾体育センター』(新建築 86(8))

『世界大百科事典』(平凡社)

[PDF] 深圳地下鉄路線図 http://machigotopub.com/pdf/shenzhenmetro.pdf

[PDF] 深圳空港案内 http://machigotopub.com/pdf/shenzhenairport.pdf

[PDF] 深圳 STAY (ホテル&レストラン情報) http://machigotopub.com/pdf/shenzhenstay.pdf

まちごとパブリッシングの旅行ガイド

Machigoto INDIA , Machigoto ASIA , Machigoto CHINA

【北インド - まちごとインド】

001 はじめての北インド
002 はじめてのデリー
003 オールド・デリー
004 ニュー・デリー
005 南デリー
012 アーグラ
013 ファテープル・シークリー
014 バラナシ
015 サールナート
022 カージュラホ
032 アムリトサル

【西インド - まちごとインド】

001 はじめてのラジャスタン
002 ジャイプル
003 ジョードプル
004 ジャイサルメール
005 ウダイプル
006 アジメール（プシュカル）
007 ビカネール
008 シェカワティ
011 はじめてのマハラシュトラ
012 ムンバイ
013 プネー
014 アウランガバード
015 エローラ
016 アジャンタ
021 はじめてのグジャラート
022 アーメダバード
023 ヴァドダラー（チャンパネール）
024 ブジ（カッチ地方）

【東インド - まちごとインド】

002 コルカタ
012 ブッダガヤ

【南インド - まちごとインド】

001 はじめてのタミルナードゥ
002 チェンナイ
003 カーンチプラム
004 マハーバリプラム
005 タンジャヴール
006 クンバコナムとカーヴェリー・デルタ
007 ティルチラパッリ
008 マドゥライ
009 ラーメシュワラム
010 カニャークマリ
021 はじめてのケーララ
022 ティルヴァナンタプラム
023 バックウォーター（コッラム〜アラップーザ）
024 コーチ（コーチン）
025 トリシュール

【ネパール - まちごとアジア】

001 はじめてのカトマンズ
002 カトマンズ
003 スワヤンブナート

004 パタン
005 バクタプル
006 ポカラ
007 ルンビニ
008 チトワン国立公園

【バングラデシュ - まちごとアジア】

001 はじめてのバングラデシュ
002 ダッカ
003 バゲルハット（クルナ）
004 シュンドルボン
005 プティア
006 モハスタン（ボグラ）
007 パハルプール

【パキスタン - まちごとアジア】

002 フンザ
003 ギルギット（KKH）
004 ラホール
005 ハラッパ
006 ムルタン

【イラン - まちごとアジア】

001 はじめてのイラン
002 テヘラン
003 イスファハン
004 シーラーズ
005 ペルセポリス
006 パサルガダエ（ナグシェ・ロスタム）
007 ヤズド
008 チョガ・ザンビル（アフヴァーズ）
009 タブリーズ
010 アルダビール

【北京 - まちごとチャイナ】

001 はじめての北京
002 故宮（天安門広場）
003 胡同と旧皇城
004 天壇と旧崇文区
005 瑠璃廠と旧宣武区
006 王府井と市街東部
007 北京動物園と市街西部
008 頤和園と西山
009 盧溝橋と周口店
010 万里の長城と明十三陵

【天津 - まちごとチャイナ】

001 はじめての天津
002 天津市街
003 浜海新区と市街南部
004 薊県と清東陵

【上海 - まちごとチャイナ】

001 はじめての上海
002 浦東新区
003 外灘と南京東路
004 淮海路と市街西部
005 虹口と市街北部
006 上海郊外（龍華・七宝・松江・嘉定）
007 水郷地帯（朱家角・周荘・同里・甪直）

【河北省 - まちごとチャイナ】

001 はじめての河北省
002 石家荘
003 秦皇島
004 承徳
005 張家口
006 保定
007 邯鄲

【江蘇省 - まちごとチャイナ】

001 はじめての江蘇省
002 はじめての蘇州
003 蘇州旧城
004 蘇州郊外と開発区
005 無錫
006 揚州
007 鎮江
008 はじめての南京
009 南京旧城
010 南京紫金山と下関
011 雨花台と南京郊外・開発区
012 徐州

【浙江省 - まちごとチャイナ】

001 はじめての浙江省
002 はじめての杭州
003 西湖と山林杭州
004 杭州旧城と開発区
005 紹興
006 はじめての寧波
007 寧波旧城
008 寧波郊外と開発区
009 普陀山
010 天台山
011 温州

【福建省 - まちごとチャイナ】

001 はじめての福建省
002 はじめての福州
003 福州旧城
004 福州郊外と開発区
005 武夷山
006 泉州
007 厦門
008 客家土楼

【広東省 - まちごとチャイナ】

001 はじめての広東省
002 はじめての広州
003 広州古城
004 天河と広州郊外
005 深圳(深セン)
006 東莞
007 開平(江門)
008 韶関
009 はじめての潮汕
010 潮州
011 汕頭

【遼寧省 - まちごとチャイナ】

001 はじめての遼寧省
002 はじめての大連
003 大連市街
004 旅順
005 金州新区

006 はじめての瀋陽
007 瀋陽故宮と旧市街
008 瀋陽駅と市街地
009 北陵と瀋陽郊外
010 撫順

【重慶 - まちごとチャイナ】

001 はじめての重慶
002 重慶市街
003 三峡下り（重慶〜宜昌）
004 大足

【香港 - まちごとチャイナ】

001 はじめての香港
002 中環と香港島北岸
003 上環と香港島南岸
004 尖沙咀と九龍市街
005 九龍城と九龍郊外
006 新界
007 ランタオ島と島嶼部

【マカオ - まちごとチャイナ】

001 はじめてのマカオ
002 セナド広場とマカオ中心部
003 媽閣廟とマカオ半島南部
004 東望洋山とマカオ半島北部
005 新口岸とタイパ・コロアン

【Juo-Mujin（電子書籍のみ）】

Juo-Mujin 香港縦横無尽
Juo-Mujin 北京縦横無尽
Juo-Mujin 上海縦横無尽

【自力旅游中国 Tabisuru CHINA】

001 バスに揺られて「自力で長城」
002 バスに揺られて「自力で石家荘」
003 バスに揺られて「自力で承徳」
004 船に揺られて「自力で普陀山」
005 バスに揺られて「自力で天台山」
006 バスに揺られて「自力で秦皇島」
007 バスに揺られて「自力で張家口」
008 バスに揺られて「自力で邯鄲」
009 バスに揺られて「自力で保定」
010 バスに揺られて「自力で清東陵」
011 バスに揺られて「自力で潮州」
012 バスに揺られて「自力で汕頭」
013 バスに揺られて「自力で温州」
014 バスに揺られて「自力で福州」
015 メトロに揺られて「自力で深圳」

【車輪はつばさ】
南インドのアイラヴァテシュワラ寺院には建築本体に車輪がついていて寺院に乗った神さまが人びとの想いを運ぶと言います。

・本書はオンデマンド印刷で作成されています。
・本書の内容に関するご意見、お問い合わせは、発行元の
　まちごとパブリッシング info@machigotopub.com までお願いします。

まちごとチャイナ
広東省005深圳
～「改革開放」が生んだ奇跡の街 [モノクロノートブック版]

2017年11月14日　発行

著　者	「アジア城市（まち）案内」制作委員会
発行者	赤松　耕次
発行所	まちごとパブリッシング株式会社 〒181-0013　東京都三鷹市下連雀4-4-36 URL http://www.machigotopub.com/
発売元	株式会社デジタルパブリッシングサービス 〒162-0812　東京都新宿区西五軒町11-13 清水ビル3F
印刷・製本	株式会社デジタルパブリッシングサービス URL http://www.d-pub.co.jp/

MP119

ISBN978-4-86143-253-8 C0326　　　Printed in Japan
本書の無断複製複写 (コピー) は、著作権法上での例外を除き、禁じられています。